HOTEL DROUOT, SALLE N° 7

Les Mardi 18 et Mercredi 19 Décembre 1906
A 2 HEURES 1/4

OBJETS D'ART

ET DE

HAUTE CURIOSITÉ

DE LA CHINE ET DU TIBET

Mᵉ F. LAIR-DUBREUIL
COMMISSAIRE-PRISEUR
6, rue de Hanovre

M· ARTHUR BLOCHE
EXPERT PRÈS LA COUR D'APPEL
52, rue de Châteaudun

EXPOSITION PUBLIQUE
LE LUNDI 17 DÉCEMBRE 1906, de 2 heures à 6 heures

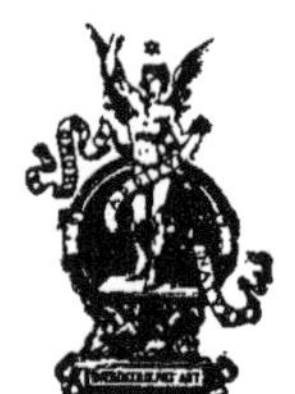

CATALOGUE

DES

OBJETS D'ART ET DE HAUTE CURIOSITÉ

DE LA CHINE ET DU TIBET

DIVINITÉS — BRONZES IMPORTANTS — SCULPTURES

PORCELAINES, FAIENCES, TERRES CUITES, PEINTURES

ART ET RELIGION

BOUDDHISTE ET TAOÏSTE

ÉTOFFES — TAPIS

Dont la vente aux enchères publiques, en vertu de jugement, aura lieu

HOTEL DROUOT, SALLE Nº 7

LES MARDI 18 ET MERCREDI 19 DÉCEMBRE 1906

à 2 heures 1/4

Mᵉ F. LAIR-DUBREUIL	**M. ARTHUR BLOCHE**
COMMISSAIRE-PRISEUR	EXPERT PRÈS LA COUR D'APPEL
6, rue de Hanovre	52, rue de Châteaudun

Chez lesquels se distribue le présent Catalogue

EXPOSITION PUBLIQUE

LE LUNDI 17 DÉCEMBRE 1906, de 2 heures à 6 heures

CONDITIONS DE LA VENTE

Elle sera faite au comptant.

Les adjudicataires payeront *dix pour cent* en sus des enchères.

Paris. — Imprimerie de l'Art, E. MOREAU ET Cⁱᵉ, 41, rue de la Victoire.

DÉSIGNATION

OBJETS D'ART DU TIBET

BRONZES

1 — Grande et belle statue en bronze doré, représentant Akshobhya (deuxième des cinq Dhyâni-Bouddhas principaux). Il est assis sur le lotus, faisant de la main droite le geste de témoignage; sa main gauche est ramenée horizontatalement dans son giron. Le manteau du dieu passe obliquement sur la poitrine en laissant la moitié découverte.

2 — Grande statue en bronze doré, représentant Akshobhya (deuxième des cinq Dhyâni-Bouddhas). Il est assis sur le lotus, habillé d'une robe plissée serrée à la taille par un ruban. Cette robe est recouverte d'un manteau qui lui recouvre les deux épaules, laissant nue une partie de la poitrine. Il porte le signe ûrnâ, fait d'une perle fausse.

3 — Avalokitecvara Simhanâda (divinité invoquée particulièrement pour guérir la lèpre). Elle est

ici représentée assise sur l'unicorne de Kilin. Belle statuette en bronze recouvert autrefois de laque dorée.

4 — Statuette représentant Avalokitecvara, assis sur l'unicorne (un des quatre animaux sacrés et de bon augure des Chinois). Ce bronze très oxydé était autrefois recouvert de laque brune dorée.

5 — Statuette représentant le dieu Avalokitecvara, à quatre bras, ses épaules supportant la peau de tigre. Son chignon est surmonté d'un ornement. Le lotus, sur lequel la divinité est assise, est élévé sur un socle orné en bas-relief du Vajra, de deux lions et de deux personnages levant les bras comme pour supporter l'édifice. (Bronze patiné, le visage doré, les cheveux, les yeux et les lèvres peints.)

6 — Statuette en bronze : Avalokitecvara à l'oiseau et à l'aiguière, il est vêtu de la jupe et de l'écharpe et porte les ornements ordinaires des bodhisatvas. (L'aiguière et la tête du petit Amitâbha manquent.)

7 — Statuette en bronze, représentant Avalokitecvara à l'oiseau et à l'aiguière, il est debout sur un lotus, à double rang de pétales et supporté par un trône quadrangulaire derrière lequel s'élève une haute gloire ovale.

8 — Statuette en bronze, représentant Avalokitecvara, incarnation du Dalaï-Lama.

9 — Statuette en bronze : Avalokitecvara à l'oiseau
et à l'aiguière, même type que le précédent.

10 — Statuette en bronze, même type que le précédent.

11 — Statuette en bronze, représentant Avalokitecvara, assis sur le lotus ovalisé à deux rangs de
pétales, il a l'ùrna ; sa main droite levée fait le
geste de la bénédiction, il tient sur sa main
gauche la roue. Cette statuette était autrefois
recouverte de laque dorée.

12 — Statuette en bronze recouvert de laque d'or
brunie : Avalokitecvara, il est représenté assis
sur le lotus ovalisé à deux rangs opposés de
pétales, il est vêtu de l'écharpe qui lui couvre
les épaules.

13 — Amitayus (dieu de la longévité), assis sur un
lotus à un seul rang de pétales, et posant sur
un trône derrière lequel s'élève une gloire de
forme ovale lobée. Bronze brun.

14 — Statuette en bronze noir, représentant Amitayus, dieu de la longévité.

15 — Statuette en bronze doré, représentant le dieu
Amitayus assis. Il a les cheveux noués sur les
épaules.

16 — Statuette en bronze: Amitayus habillé de l'écharpe qui passe obliquement sur la poitrine.

17 — Statuette en bronze peint, représentant Beg-Tsé (cuirasse couverte), dieu de la Guerre. Il est assis sur le lotus ovalisé à deux rangs de pétales.

18 — Statuette en bronze, représentant le Bodhisatva, assis sur le lotus ovalisé à deux rangs de pétales. Il tient à la main droite l'aiguière, de la gauche il fait le geste de la prédication.

19 — Même divinité que la précédente, assis sur le lotus à deux rangs opposés de pétales. Son chignon très élevé est terminé par un fleuron.

20 — Statuette de Bodhisatva, assis sur le lotus ovalisé, à double rang de pétales. Son chignon est terminé par un ornement ; ce bronze a le visage, les mains, les pieds et la parure dorés, ses cheveux, ainsi que ses yeux sont peints.

21 — Petite statuette en bronze noir, représentant le Bodhisatva assis sur le lotus.

22 — Statuette en bronze, représentant le Bodhisatva agenouillé, une jambe relevée, sur le lotus, au-dessus duquel s'élève une gloire. Cette divinité a le visage doré.

23 — Statuette en bronze, avec visage doré et cheveux peints, représentant le Bodhisatva, assis sur le lotus ovalisé à double rang de pétales.

24 — Petite statuette en bronze, représentant le Bodhisatva, assis sur un trône, soutenu par des balustrades.

25 — Statuette en bronze ciselé et doré : Cakyamuni au Svastika, représenté debout sur un lotus. Sa robe plissée sur la poitrine est serrée à la taille par un cordon noué sur le devant, son manteau lui découvre le bras droit et une partie de la poitrine.

26 — Statuette en bronze, peint de diverses couleurs, représentant Kubera ou dieu de la Richesse. Il est représenté assis sur le lion qui repose lui-même sur le lotus à un rang de pétales.

27 — Statuette en bronze doré, représentant le Manjughosha (une des formes du bodhisatva Manjuçri).

28 — Statuette en bronze, représentant Manjughosha. Cette divinité très enfumée est enrichie de quelques pierreries.

29 — Groupe en bronze, représentant le dieu Manjughosha-Simhanada, assis sur le lion, une jambe pendante, l'autre relevée et tenant en ses deux mains devant lui un livre roulé. L'ensemble du groupe repose sur un lotus à un rang de pétales.

30 — Statuette en bronze, représentant Manjughosha assis sur le lotus à double rang de

pétales ; son chignon très haut est surmonté d'un fleuron.

31 — Statuette en métal recouvert de laque dorée, représentant Manjughosha assis sur le lion.

32 — Statuette en bronze, représentant Manjuçri. Le sommet de la coiffure manque.

33 — Statuette en bronze, représentant la Târâ verte assise sur le lotus à deux rangs de pétales. Elle porte une écharpe qui passe sur la poitrine, de l'épaule gauche au flanc droit.

34 — Statuette en bronze brun : la Târâ verte, représentée assise sur le lotus à deux rangs de pétales. Elle a l'ûrnâ, le diadème et les parures des bodhisatvas.

35 — Même divinité que la précédente, mais en bronze doré.

36 — Statuette en bronze doré, enrichi de pierreries, représentant la Târâ verte assise sur le lotus, le torse nu.

37 — Târâ blanche. Assise, les deux jambes pliées devant elle, la plante des pieds en l'air. Grande statuette en bronze doré, en partie terni par des poussières anciennes.

38 — Târâ blanche. Même type que la précédente, mais les mains l'une dans l'autre. Bronze doré, en partie terni par des poussières anciennes.

39 — Statuette en bronze, représentant la Târâ Blanche assise sur le lotus, les deux jambes pliées horizontalement devant elle.

40 — Même statuette que la précédente, bronze à patine verdâtre, le visage, les mains et les pieds dorés.

41 — Statuette en bronze ciselé et doré : Siddhârtha-Târâ assise tenant le vase et ayant le diadème. Elle a l'écharpe, dont les extrémités flottent devant le lotus et la jupe, deux nattes stylisées tombent sur ses épaules.

42 — Statuette en bronze doré, représentant Tsong-Kha-Pa assis sur le lotus à deux rangs de pétales.

43 — Tsong-Kha-Pa. Même divinité que la précédente en bronze patiné, avec visage doré. Il est assis sur le lotus à deux rangs de pétales.

44 — Statuette en bronze, représentant le dieu Vajradhara personnifiant la divinité suprême, dont seraient issus les cinq autres Bouddhas Méditatifs.

45 — Vajrasatva assis sur le lotus ovalisé à double rang de pétales. Statuette en bronze laqué, or bruni.

46 — Grand groupe en bronze doré : le dieu Yamantaka, représenté avec la tête de taureau, entourée de six têtes humaines.

47 — Grand groupe en bronze doré, à très belle patine, représentant le dieu Yamàntaka et sa Cakti.

48 — Groupe en bronze : Yama (dieu de la Mort) et sa sœur Yami, assis sur le bœuf. Ce groupe, en bronze brun enrichi de pierreries, repose sur un socle quadrangulaire en bois.

49 — Petit groupe en bronze, représentant un génie assis sur un dragon. Il a les cheveux relevés en flammes et tient de sa main gauche une flèche.

50 — Stupa (ou Monument commémoratif bouddhiste, élevé ordinairement en l'honneur d'un haut personnage défunt). Celui-ci est une réduction en bronze ciselé et doré, enrichi de pierreries, et est du type Tibétain.

51 — Paire de candélabres ou porte-cierges en bronze noir avec parties dorées. Ils sont à base et bobèche carrées, le bas orné de pétales de lotus, la partie destinée à recevoir le cierge est formée de deux vajras.

52 — Buré en bronze doré au cornet évasé, décorée de rinceaux et d'emblèmes, reposant sur des fleurs de lotus.

53 — Buré (Trompette) à cornet tronconique, entièrement décorée au repoussé complété par la ciselure, de rinceaux et d'emblèmes, reposant sur des fleurs de lotus. Bronze doré.

54 — Série de sept emblèmes en métal doré, repoussé et ciselé, représentés en bas-relief, dans un cercle élevé sur une tige de feuillage, supportée par un petit socle en forme de lotus.

55 — Le Diagramme en cuivre champlevé et émail rouge. Le pied manque.

56 — Deux emblèmes en bronze ciselé, doré et émaillé.

57 — Deux miroirs en cuivre jaune, décorés sur les deux faces.

58 — Statuette en bronze recouvert de laque dorée : Ananda debout sur un lotus et les mains jointes.

OBJETS D'ART DE CHINE

BRONZES

59 — Statuette en bronze, représentant Ananda (un des principaux disciples de Çakyamuni) debout sur un lotus et les mains jointes.

60 — Sujet en bronze, représentant le Çakyamuni dans le Nirvana. Il est représenté couché, la tête appuyée sur un oreiller ; à l'intérieur de la terrasse qui lui sert de lit devaient se trouver des reliques.

61 — Kouan-Yin à une tête et dix-huit bras. Assise sur un lotus, dont la tige s'élève au milieu d'une plate-forme hexagonale à six pieds et entourée d'une balustrade. Belle statuette en bronze ciselé et doré.

62 — Statuette en bronze ciselé et doré, représentant la déesse Kouan-Yin au châle, debout sur un lotus. Sa main gauche enfouie dans la main droite de son manteau.

63 — Statuette en bronze brun : Kouan-Yin, représentée assise. La main droite manque.

64 — Même divinité que ҁ précédente. Assise sur un rocher ; à sa gauche l'oiseau et, devant elle, à ses pieds, une fleur de lotus.

65 — Statuette de Long-Nou en bronze ciselé et doré. Il est représenté debout, les cheveux noués en deux coques. Sur le haut de la tête, il tient le joyau sur une étoffe qui cache ses deux mains.

66 — Statuette en bronze : Li Tong-Pin (personnage devenu immortel à la suite de certaines circonstances). Il est représenté debout, il a une longue barbiche et est coiffé du chapeau plat se relevant en arrière, étoffe nouée.

67 — Petite statuette en bronze : Li Tong-Pin debout sur un petit socle.

68 — Statuette en bronze, représentant Mahâkaçyàpa (un des principaux disciples de Çakyamuni) debout sur un lotus.

69 — Statuette en bronze, représentant Poutaï assis, tenant d'une main le chapelet, de l'autre l'extrémité d'un sac, sur lequel repose son bras. Il est coiffé de la tiare aux cinq Dyani-Bouddhas.

70 — Statuette en bronze recouvert de laque dorée, représentant Tien-Sien, déesse la plus importante des neuf Niang-Niang.

71 — Statuette en bronze autrefois laqué, représentant Vaisravana (l'un des gardiens du Monde), celui-ci garde le Nord.

72 — Statuette en métal recouvert de laque dorée, représentant le Vaisravana, un des quatre gardiens du Monde, il est représenté debout, tenant

d'une main un reliquaire, de l'autre faisant un geste.

73-74 — Deux statuettes en bronze doré, représentant les deux gardiens des portes. Le premier, debout sur un lotus, a le visage grimaçant, il porte un costume de guerrier. Le second gardien est également debout sur un lotus en costume de guerrier et coiffé d'un casque en pointe.

75 — Statuette en cuivre doré, représentant une divinité, debout sur un lotus, ses cheveux sont relevés en un haut chignon, son front est surmonté d'un diadème. Elle tient de la main droite une branche de lotus, de la gauche elle fait un geste.

76 — Statuette en cuivre doré, représentant une divinité debout sur un lotus, ses cheveux sont relevés en un haut chignon orné d'une torsade, le front est surmonté d'un diadème.

77 — Statuette en bronze brun, représentant une divinité, debout sur un lotus. Elle porte à deux mains un petit rocher ; vêtue de la robe de moine, le visage, la poitrine, les mains et les pieds sont dorés.

78 — Divinité assise, les jambes croisées horizontalement devant elle, les mains faisant le geste de la méditation.

79 — Statuette en bronze, recouvert autrefois de
laque dorée. Elle représente un jeune homme
debout costumé et coiffé à la chinoise ; il joue
de la flûte.

80 — Garniture d'Autel en bronze, formée de cinq
pièces : un brûle-parfums, deux vases et deux
chandeliers. Les anses des vases et du brûle-
parfums et les pieds des chandeliers sont décorés
en bas-relief de feuilles tombantes et d'ornements en volutes, rappelant les pétales du lotus.
Le bord supérieur du brûle-parfums porte cette
inscription : « Fabriqué la première année du
règne de *Yong-tching* de la dynastie de *Tsing* »,
c'est-à-dire en 1723. Les deux vases portent
un bouquet en bois sculpté.

81 — Grande urne (Ting) sur trois pieds droits, qui
se dégagent de gueules de monstres. Deux anses
quadrangulaires se dressent verticalement dans
la gueule de monstres analogues. La panse est
décorée de deux grandes zones d'ornements
géométriques, encadrés de bandes étroites
d'ornements ondulés. Sur l'épaulement et devant, peut se lire l'inscription suivante : *Ta-Tsing
Khien-long nien tchi*, fabrique sous l'empereur
Khien-long, 1736-1796 des grands Tsing. Beau
bronze.

82 — Vase Koueï en bronze, de forme ovale, sans
son couvercle et sur piédouche, il est décoré
d'une série de demi-cercles concentriques et

d'une série de petites lignes courbées en arc, surmontées de leurs yeux (bouche et yeux de Taotich).

83 — Tambour en bronze, à quatre anses, orné sur la partie frappée d'une étoile entourée de zones concentriques à décors variés.

84 — Tambour en bronze, à quatre anses, décoré sur la partie frappée d'une étoile et de bandeaux concentriques en forme de têtes de clous.

85 — Gong en forme de marmite, décoré du Taotich, animal fantastique.

BOIS SCULPTÉS

86 — Grande statue en bois laqué et doré, représentant Kouan-Yin (dite aux mille bras). Elle est debout, chacun de ses pieds pose sur un lotus ouvert, entouré de boutons de la même plante ; l'ensemble est supporté par des enroulements se terminant derrière elle en forme de gloire.

87 — Statuette en bois recouvert de laque brune, représentant le Lang-Nou debout sur un lotus.

88 — Statuette en bois recouvert de laque brune, représentant le Lang-Nou au joyau. De même que le précédent, il est représenté debout sur un lotus.

89 — Statuette en bois laqué brun et doré, représentant le Lang-Nou debout sur un lotus.

90 — Grande statue en bois doré, représentant le Poutaï (incarnation du Bouddha futur). Assis sur un large fauteuil finement sculpté, il tient de sa main droite le sac sur lequel son bras repose.

91 — Statuette en bois : Huo-Shen (esprit du feu et de la planète Mars.) Personnage assis, en costume de général ; la barbe et les cheveux sont rouges, deux touffes s'élèvent comme deux flammes au-dessus de ses oreilles.

92 — Statuette en bois : Huo-Shen (ou un de ses satellites). Il est représenté debout ; il a les cheveux, la barbe, les sourcils rouges. Il est vêtu du costume de général.

93 — Suite de six statuettes debout, en bois peint, appartenant sans doute à un groupe de onze personnages que constituait les trois Bonheurs et les huit Siens.

94 — Statuette en bois sculpté, représentant une divinité assise, les jambes croisées horizontalement, les mains jointes. Elle porte un diadéme en forme de fleurs de lotus.

95 — Shang-Ti (dieu du Ciel), en bois sculpté, représenté assis, tenant à deux mains, devant lui, un Kouëi.

96 — Eléphant en bois sculpté.

97 — Lion en bois laqué et doré à patine brune, représenté debout, sur un socle.

98 — Le Shi-tze, lion ornemanisé, en bois sculpté et doré.

99 — Sitze couché.

100 — Paire de grandes colonnes en bois sculpté et doré.

104 — Entrée de pagode en laque brune.

102 — Suite de trois petits chars en bois sculpté et peint de plusieurs couleurs.

103 — Statuette en bois, recouvert de laque dorée, représentant le Mâhâkala blanc, ou dieu de la Richesse, représenté debout, chaque pied sur un éléphant.

104 — Suite de dix statuettes en bois laqué, or bruni, représentant dix Gardiens des parties du monde, assis chacun sur un double coussin, tenant tous de la main gauche la mangouste.

105 — Trois statuettes en bois, représentant des divinités locales, debout, sur des nuages. Elles ont le torse nu, l'écharpe flotte autour d'elles, elles ont le diadème, des boucles d'oreilles et des bracelets.

106 — Suite de quatre emblèmes en bois sculpté et doré : la conque, la fleur, le vase sacré et le diagramme.

107 — Deux socles dorés.

SCULPTURES DIVERSES

108 — Groupe en pierre de lard. représentant Kouan-ti, Kouan-pin, Tcheou-sang et un autre serviteur.

109 — Statuette en pierre de lard : Kouan-Yin, représentée debout au milieu des nuages. Elle tient un panier d'où sort un poisson. Derrière elle est un Fong-Hoang et au-dessus un demi-disque.

110 — Petite Kouan-Yin assise, pierre de lard.

111 — Statuette en pierre de lard noire, représentant Li Tié-Koaï debout, tenant sur son épaule le crapaud à trois pattes.

112 — Statuette en pierre de lard, peinte en noir, représentant le Tsao Kouo-Kiéou assis sur une biche.

113 — Statuette en pierre de lard. Lan Tsaï-Ho assise sur un kilin et portant son panier de fleurs.

114 — Statuette en cristal de roche, représentant Kouan-Yin debout, tenant un livre roulé.

115 — Kouan-Yin debout en cristal de roche.

116 — Groupe en matière agglomérée, représentant le Vajrasatva ou chef des Dhyani-Bouddhas debout avec sa Çakti.

CÉRAMIQUE

117 — Statuette en porcelaine blanche, représentant la Kouan-Yin debout et tenant un enfant dans ses bras.

118 — Statuette en porcelaine blanche céladonnée : Poutaï assis sur un fauteuil très bas, dont les bras se terminent par deux têtes de dragons.

119 — Statuette en porcelaine décorée d'émaux polychromes : Poutaï assis.

120 — Groupe de personnages en porcelaine craquelée.

121 — Dieu de la longévité assis sur un piedestal. Auprès de lui: la grue, la tortue et le cerf. Statuette en faïence, sous engobe blanche.

122 — Statuette en faïence jaunâtre, en partie recouverte de laque brune, représentant le dieu du Bonheur assis entre le cerf et la cigogne.

123 — Statuette en faïence, représentant Kouan Ti (dieu de la Guerre). Il est assis, avec longue barbiche et longs favoris.

124 — Statuette en faïence, moulée et émaillée : Poutaï assis.

125 — Statuette en faïence émaillée : Poutaï assis sur le lotus, sa main droite posée sur la jambe.

126 — Statuette en faïence émaillée jaune et vert:
Poutaï assis sur une terrasse, la jambe droite
relevée. Il tient le chapelet de la main droite.

127 — Grès sous couverte flambée, bleu grisâtre, à
dessous brun-rouge : Le Lohan Ta-Mô (un des
disciples de Bouddha). La tête de cette divinité
est en biscuit, coloré en brun par le manganèse.

128 — Statuette en grès sous émail épais craquelé :
Poutaï assis, s'appuyant sur son sac. La tête,
les mains, la poitrine et le ventre sont ré-
servés et colorés en brun par le manganèse.

129 — Petite statuette en terre cuite : Divinité assise,
une main à sa ceinture, l'autre posée sur le
genou.

130 — Groupe sur rocher, représentant Li Tie Koaï,
tenant une sapèque et son crapaud, et un autre
Sien, tenant de sa main gauche un des côtés de
sa longue moustache ; au-dessus des personnages, sur le rocher, on voit : un cerf, un bouc
et deux pavillons.

131 — Petit Pou-Taï, représenté en relief sur une
écaille d'huitre perlière et encadré d'une auréole
flammelée.

132 — Statuette en grès : Vairocana (premier des
cinq Dhyani-Bouddha), assis, sans socle, représenté les mains devant sa poitrine, partie
dorée. Travail du Tibet.

PEINTURES

133 — Taï-Siu. Portrait de vieille femme assise sur un fauteuil recouvert d'une étoffe damassée, les pieds posés sur un tabouret.

134 — Taï-Siu. Portrait de femme en costume de mariée : robe rouge recouverte d'une sorte de chasuble bleue, décorée de médaillons dorés.

135 — Taï-Siu. Portrait d'homme assis sur un fauteuil garni d'une peau de tigre. Il est vêtu d'une robe bleue ; peinture sur soie.

136 — Taï-Siu. Portrait d'homme assis sur un fauteuil, vêtu d'une robe noire laissant passer une autre robe blanche.

137 — Peinture sur papier : Taï-Siu. Portrait d'homme assis, vêtu d'une robe jaune, décorée de médaillons aux dragons à cinq griffes.

138 — Peinture sur soie.

139 — Peinture de Taï-Siu : Homme assis vu à mi-corps, vêtu d'une robe bleue, avec collier de perles.

140 — Taï-Siu. Portrait d'homme assis, vu à mi-corps, vêtu d'une robe bleue.

141 — Peinture sur soie : l'Empereur Saint de la roue. Neuf personnages, parmi les nuages : cinq, la tête auréolée ; quatre, sans auréoles.

142 — Peinture sur soie, représentant les génies des huit sortes d'Êtres (huit personnages auréolés.)

143 — Peinture sur soie, représentant la sainte assemblée des dieux ; groupe de neuf personnages.

144 — Peinture sur soie : Assemblée de trois Empereurs et Dieux de la médecine ; huit personnages entourés de nuages et la tête ceinte d'une auréole ronde.

145 — Peinture sur soie : Seigneur du Palais violet et Héros à tête de feu ; groupe de quatre personnages debout, entourés de nuages, au-dessus duquel se voit un autre groupe de deux personnages, également debout, plus petits.

146 — Peinture sur soie, représentant les Rois dragons des palais aquatiques et de tous les temples le long des fleuves ; douze personnages auréolés.

147 — Peinture sur soie, avec cartouche à inscription d'or, représentant les Rois dragons des cinq lacs et des quatre mers ; dix personnages debout, parmi des flots, et tous auréolés ; cinq ont des têtes humaines.

148 — Peinture à l'aquarelle sur soie, très soigneu-
sement exécutée, représentant les neuf Déesses
assises en trois groupes. Robes décorées du
dragon à cinq griffes.

149 — Peinture sur soie : Siao-ing, représentant
une femme assise devant un pavillon ouvert sur
un jardin.

150 — Peinture sur soie : Siao-ing, d'homme, assis
sur un large fauteuil dans un jardin ; derrière
lui, deux serviteurs.

151 — Peinture sur soie, représentant neuf Lohans
et leurs serviteurs.

152 — Peinture sur soie, représentant six Lohans
dans un paysage.

153 — Peinture sur soie, époque Ming : Six Bodhi-
satwas, représentés debout.

154 — Peinture sur soie, représentant les divinités
des Sept désirs.

155 — Peinture représentant le Grand Roi Yama
(un des rois de l'enfer), entouré de différents
personnages.

156 — Peinture représentant le roi de la quatrième
région : Wou Kouang, entouré d'autres personnages. Cette peinture est animée de scènes de
supplices.

157 — Peinture représentant le roi Wou-Kouang
(un des rois de l'enfer, quatrième région), il est
entouré de différents fonctionnaires.

158 — Peinture représentant le roi de la quatrième
région : Wou-Kouang, autour de lui différents
fonctionnaires et scènes de supplices.

159 — Peinture représentant Taï-Kouang (un des
rois de l'enfer), première région. Auprès de lui,
six personnages; devant, un personnage à tête
de dragon est agenouillé.

160 — Peinture représentant Chouen-Loun, roi de
la dixième région, et divers fonctionnaires.

161 — Peinture représentant Le Lohan au Stûpa,
vêtu d'une robe verte que recouvre un manteau
rouge.

162 — Peinture représentant Le Lohan à l'écran, il
a la barbe et les cheveux courts frisés, le visage
au nez épaté et aux traits accentués.

163 — Quatre peintures collées sur carton, représentant quatre rois des régions infernales dans
leur milieu habituel. (Imagerie populaire.)

164 — Dix grandes impressions réservées en blanc
sur fond noir. L'une d'elle porte la date : 29ᵉ année, de Khien-long (1764).

165 — Longue bande de papier peint, décorée de trois personnages et de vases de fleurs disposés au-dessous des autres.

166 — Peinture sur papier collé sur carton, représentant Po-To-Kong, dieu des Offrandes. Devant lui sont les trois pyramides d'offrandes, avec les banderolles et les individus demi-nus ravissant les pommes et en mangeant. Le Bodhisatva assis les deux mains cachées dans son manteau.

167 — Grande peinture sur papier, représentant Kouan-ti à cheval, escorté de différents personnages, guerriers et serviteurs.

168 — Peinture collée sur carton : Jambhala.

169 — Peinture sur papier, représentant Amitâbha assis sur le lotus élevé sur un trône, richement orné.

170 — Peinture sur toile encadrée : Vajrapâni (dieu terrible) au corps bleu, à plusieurs têtes humaines et de cheval. Représenté avec sa Cakti, qui a le corps rouge. Travail du Tibet.

171 — Petit carré de toile peinte du Tibet, représentant Vajrapâni, debout sur le lotus.

172 — Peinture sur toile du Tibet, encadrée, représentant Ushnishavijaya ; le corps peint en blanc possède trois têtes et huit bras.

173 — Peinture sur toile, représentant la grande Târâ verte, assise sur un lotus élevé sur un trône orné de lions ; derrière elle s'élève une gloire en deux parties, dont l'une entoure son corps ; l'autre, sa tête.

174 — Petite peinture sur toile, représentant la Târâ verte, assise sur le lotus orné de lions. (Imagerie populaire du Tibet.)

175 — Trois petites images peintes sur toile du Tibet, représentant la Târâ blanche.

176 — Fine peinture sur toile, représentant Kurakulâ, le corps peint en rouge.

177 — Peinture sur toile : Câkyamuni, représenté assis tenant le pâtra, entouré de fleurs, de rochers et d'un cours d'eau. Tibet.

178 — Même divinité que la précédente ; petite peinture sur toile. Tibet.

179 — Quatre peintures sur toile du Tibet, représentant Beg-Tsé, debout, entre leurs deux auxiliaires, avec huit démons au corps rouge.

180 — Petite peinture sur toile, représentant un acolyte de Beg-Tsé, à cheval sur un loup. Tibet.

181 — Fine peinture, à triple encadrement de soies brochées rouge, jaune et bleue, représentant :

La Très Glorieuse Târà assise sur un lotus,
devant une auréole rose à rayons ondulés.
Tibet.

182 — Image, représentant quatre dieux protecteurs
et leurs Çaktis debout, chacun sur un lotus.

MANUSCRITS

183 — Manuscrit sans titre. Ecrit en rouge et noir
illustré d'une image en couleur. Couverture en
brocard, avec dragon impérial. Tibet.

184 — Manuscrit sans titre non collectionné. Tibet.

185 — Manuscrit Mongol, portant sur la couver-
ture un sceau Chinois, recouvert par l'écriture
Mongole, où l'on peut lire Ama... Naïralva.
Tibet.

TAPIS. ÉTOFFES

186 — Tapis de Chine à fond rouge violacé, décoré
d'ornements variés en semis et de différentes
couleurs. La bordure est ornée de séries de
lignes parallèles jaunes, rouges, vertes, roses,
bleues et noires.

187 — Grande tenture de Chine en soie rouge,
décorée de personnages, d'animaux, d'emblèmes
brodés en soie de diverses couleurs. Les têtes
des personnages sont rapportées.

188 — Tenture de Chine. Le caractère « Chéou »
(longévité) exécuté en fils d'or cousus et décoré
de broderie de soie de plusieurs couleurs; rap-
porté sur un panneau en soie rouge.

189 — Grande tenture de soie de Chine, décorée de
trois personnages entièrement brodés. Le prin-
cipal représente le dieu des Émoluments.

190 — Robe en gaze de soie rouge de Chine, brodée
de soies de plusieurs couleurs.

191 — Deux morceaux en soie noire brochée, décorés d'ornements et dragons enroulés.

192 — Morceau de soie rouge-passé, brodé en plusieurs couleurs de poissons, chauves-souris,
dragons et nuages.

193 — Morceau de soie, décoré de flots, nuages,
chauves-souris et d'un dragon, dont on ne voit
qu'une partie.

194 — Dessus de parasol rond de Chine, fait de
plumes de paon reliées au centre par un rond
de soie fond bleu foncé.

195 — Deux baldaquins, l'un en soie noire, l'autre
en soie rouge ; ils sont décorés au centre d'un
stûpa, tout autour de médaillons et d'enroulements.

196 — Bannière en soie rose du Tibet.

197 — Objets omis.

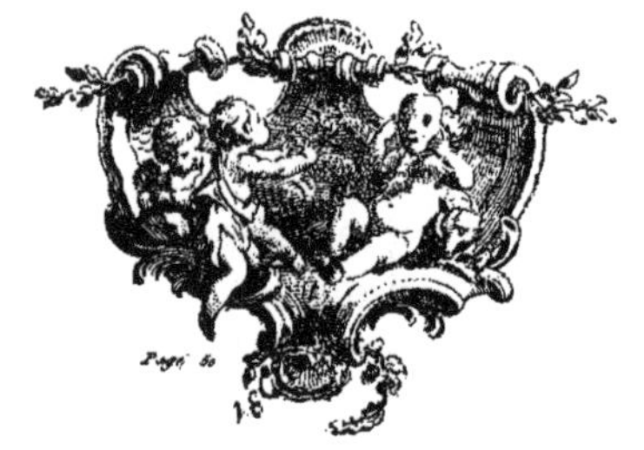

www.ingramcontent.com/pod-product-compliance
Ingram Content Group UK Ltd.
Pitfield, Milton Keynes, MK11 3LW, UK
UKHW031723170726
13836UKWH00001B/401